अमानत

की

इंदर सभा

[नाटक]

अमानत
की
इंदर सभा

सम्पादन-संशोधन
असग़र वजाहत

राजकमल प्रकाशन

ISBN : 978-81-19159-96-3

मूल्य : ₹395

पहला संशोधित संस्करण : 2023

प्रकाशक : राजकमल प्रकाशन प्रा. लि.
1-बी, नेताजी सुभाष मार्ग, दरियागंज
नई दिल्ली-110 002

शाखाएँ : अशोक राजपथ, साइंस कॉलेज के सामने, पटना-800 006
पहली मंजिल, दरबारी बिल्डिंग, महात्मा गांधी मार्ग, प्रयागराज-211 001
1, अनमोल सोराबजी संतुक लेन, धोबी तलाव, मरीन लाइंस, मुम्बई-400 002
वेबसाइट : www.rajkamalprakashan.com
ईमेल : info@rajkamalprakashan.com

मुद्रक : यश प्रिंटोग्राफ़िक्स
नोएडा-201 301 (उत्तर प्रदेश)

AMANAT KI INDER SABHA
Play by Sayyid Agha Hasan 'Amanat'
Edited & revised by Asghar Vajahat

लखनऊ, 'अमानत' और इंदर सभा

दिल्ली दरबार के मुक़ाबले लखनऊ का दरबार कई तरह से बहुत अलग और अर्थवान था। पतनशीलता और विलासिता के साथ-साथ स्थानीयता से उसका बहुत गहरा रिश्ता बन गया था तो दूसरी ओर पाश्चात्य विचार और कलाएँ बेखटके अवध में दाख़िल हो चुकी थीं। मध्य एशिया की संस्कृति का प्रभाव तो जगज़ाहिर है। गाज़ी उद्दीन हैदर (1769-1827) न केवल यूरोपियन ढंग के कपड़े पहनते थे बल्कि उनका रहन-सहन भी बड़ी हद तक पाश्चात्य था। शाही महलों में मेज़ और कुर्सी का प्रवेश हो गया था। इस तरह अवध का दरबार पंचमेल संस्कृति का एक विरला नमूना था।

नवाब गाजी-उद-दीन हैदर ने एक ब्रिटिश कलाकार, रॉबर्ट होम (1752-1834) को अपने दरबारी कलाकार के रूप में नौकरी दी थी और उसके बाद, एक और गोरे, जॉर्ज डंकन बीची (1798-1852) को अपने दरबारी कलाकार के रूप में नियुक्त किया था।

उनकी पहल के कारण, 1821 में लखनऊ में एक शाही लिथो प्रिंटिंग प्रेस की स्थापना की गई थी और उसी वर्ष इस प्रेस से दो खंडों में फ़ारसी भाषा का एक शब्दकोश और व्याकरण प्रकाशित किया गया था।

अवध के नवाबों के दाबर में यूरोप के 'फार्च्यून सीकर' भी प्रवेश पा गए थे। यह तथ्य उल्लेखनीय है कि संसार में पहली बार पेरिस में गर्म हवा भरकर गुब्बारे को उड़ा देने की घटना (1783) के तीन

साल के अन्दर क्लाड मार्टिन (Claude Martin, 1735-1800) ने यह कमाल लखनऊ में (1785) करके दिखा दिया था। गैस द्वारा आदमी के आकाश में उड़ जाने का नज़ारा नवाब आसिफ़ुद्दौला के साथ-साथ उनके दरबारियों और शहर के तमाम लोगों ने देखा था। लखनऊ की स्थापत्य कला पर पश्चिम के प्रभाव को तो सभी मानते हैं।

अवध बहुत तेज़ी से एक तरफ़ पतन की ओर बढ़ रहा था तो दूसरी तरफ़ मिली-जुली संस्कृति के नए मानदंड स्थापित हो रहे थे। मुग़ल दरबार में दरबारी अपने-अपने धर्मों, सम्प्रदायों और क्षेत्रों के हिसाब से पगड़ी या साफ़े बाँधते थे लेकिन लखनऊ के शाही दरबार में सब दोपल्ली टोपी लगाते थे। धार्मिक सम्बोधन सलामआलेकुम की जगह पर आदाब अर्ज़ रायज किया गया था जिसको किसी भी धर्म-जाति या सम्प्रदाय के लोग बिना किसी धार्मिक बंधन या झिझक के कह और सुन सकते थे।

लोक कला के रसिया, फ़ारसी साहित्य के मर्मज्ञ, प्रयोगशीलता, संगीत, नृत्य और रासलीला के प्रति समर्पित नवाब वाजिद अली शाह की जानकारी में देशज कलारूपों के साथ-साथ यूरोपियन कम्पनियों द्वारा खेले गए नाटक भी आए होंगे। उन दिनों लखनऊ और कलकत्ता के बीच बहुत फ़ासला नहीं था। ईस्ट इंडिया कम्पनी की राजधानी कलकत्ता में जो कुछ होता था उसकी धमक लखनऊ में सुनाई देती थी।

कलकत्ता का पहला अंग्रेज़ी थिएटर (1753) लाल बाज़ार में स्थापित हुआ था। अंग्रेज़ी अभिनेताओं द्वारा अंग्रेज़ी भाषा में अंग्रेज़ी त्रासदी, कॉमेडी नाटकों का मंचन किया जाता था। 'हेमलेट', 'द मर्चेंट ऑफ़ वेनिस' और 'रोमियो एंड जूलियट' लोकप्रिय नाटक थे।

उर्दू के प्रसिद्ध आलोचक स्वर्गीय सैयद मसूद हसन रिज़वी 'अदीब' ने उर्दू के प्रारम्भिक नाटकों और मंच पर बहुत महत्त्वपूर्ण शोध कार्य किया है। उन्होंने वाज़िद अली शाह के नाटक 'राधा कन्हैया का क़िस्सा' को उर्दू का पहला नाटक माना है। यहाँ ध्यान देने योग्य बात यह है कि नाटक की भाषा को उर्दू और हिन्दी में विभाजित नहीं कर सकते, क्योंकि

वह बोली जाती है। उसके लिए हिन्दुस्तानी का प्रयोग अधिक उचित है। नाटक का विषय भी यह संकेत देता है कि वह विशुद्ध रूप से भारतीय संस्कृति में रचा-बसा है।

सैयद मसूद हसन रिज़वी 'अदीब' ने उर्दू का दूसरा नाटक सैयद आग़ा हसन 'अमानत' (1815-1858) के नाटक 'इंदर सभा' (1851) को माना है। सैयद मसूद हसन ने बहुत विस्तार से ये भी प्रमाणित किया है कि 'इंदर सभा' नाटक वाजिद अली शाह की प्रेरणा या निर्देश के कारण नहीं लिखा गया था। स्वतंत्र रूप से अमानत और उनकी मंडली के मन में यह विचार आया था कि कोई ऐसा नाटक लिखा जाए।

यह चर्चा करना भी आवश्यक है कि 'इंदर सभा' लिखे जाने से पहले अवध में 'लोक नाटक' की कौन-सी शैलियाँ प्रचलित थीं। सैयद मसूद हसन ने सैयद इंशा अल्लाह ख़ाँ (1752-1817) के समकालीन 'मिर्ज़ा क़तील' के माध्यम से लखनऊ में होने वाले 'रहस्य' के जुलूसों का विवरण दिया है। उनके अनुसार 'जन्माष्टमी' की रात लड़कें और लड़कियों को राधा-कन्हैया और सखियाँ बनाकर नृत्य और अभिनय आयोजित किया जाता था। नृत्य के साथ-साथ गाने भी गाये जाते थे। 'रहस्य' की मंडलियाँ अपने अभिनेताओं को प्रशिक्षण भी देती थीं। राधा और कृष्ण की लीलाओं को प्रदर्शित करने वाले ये 'रहस्य' बहुत लोकप्रिय थे।

'रहस्य' के अतिरिक्त लखनऊ में 'क़िस्सा ख़्वानी' या 'दास्तानगोई' बहुत लोकप्रिय थीं। क़िस्सा सुनाने वाला न तो किसी तरह का 'मेकअप' करता था और न विशेष प्रकार के कपड़े पहनता था लेकिन वह अपनी आवाज़ के उतार-चढ़ाव, भाव-भंगिमाओं, आँखों, गर्दन और शरीर के दूसरे हिस्सों को गति देकर अनेक प्रकार के भाव उत्पन्न करता था। यह एक तरह का अभिनय कहा जा सकता है।

विशेष अवसरों पर भाँड़ों की नकलें भी आयोजित की जाती थीं। भाँड़ छोटे-छोटे प्रसंगों का अभिनय करते थे। उनका प्रमुख उद्देश्य मनोरंजन

और व्यंग्य करना होता था। भाँड़ों द्वारा किए गए प्रहसन कभी-कभी इतने लोकप्रिय हो जाते थे कि वे कई पीढ़ियों तक के लोगों को याद रहते थे। उदाहरण के लिए लखनऊ में एक भाँड़ की नकल अब तक लोगों को याद है। किसी रईस ने अपनी लड़की की शादी में नकल दिखाने और लोगों का मनोरंजन करने के लिए भाँड़ों को बुलाया था। रईस ने भाँड़ों को ईनाम में एक बहुत पुरानी और घिसी हुई 'शाल' दे दी। रात जब भाँड़ों ने तमाशा दिखाया तो एक भाँड़ वही शाल लेकर लोगों के सामने आ गया। दूसरा भाँड़ आया और दोनों मिलकर शाल की प्रशंसा करने लगे। वे कहने लगे कि हमें कितने बड़े आदमी ने बुलाया है कि ऐसी शानदार शाल भेंट की है। एक भाँड़ क़रीब से शाल को देखने लगा, दूसरे ने उससे पूछा, 'क्या बात है इतने क़रीब से तुम क्या देख रहे हो?' पहले भाँड़ ने कहा, 'इस शाल पर कुछ लिखा हुआ है उसे पढ़ने की कोशिश कर रहा हूँ।' दूसरे भाँड़ ने कहा, जल्दी पढ़ क्या लिखा है। पहले भाँड़ ने कहा, इस पर लिखा है, 'ला इलाहा इल्लिल्लाह...'। दूसरा बोला, 'अरे ये तो कितनी बड़ी बात है कि इस शाल पर 'कलमा' लिखा हुआ है...और आगे पढ़ 'रसूल-अल्लाह' का नाम भी लिखा होगा।' पहला भाँड़ बोला, 'नहीं उनका नाम तो नहीं लिखा है। लगता है यह शाल उनसे पहले की है।' भाँडों ने पुरानी शाल देने वाले रईस पर गहरा व्यंग्य किया था। बताया था कि यह शाल इस्लाम के पैग़म्बर मुहम्मद (570 ई.) के समय से पहले की है। भाँड़ इस तरह की छोटे-छोटे प्रहसनों के माध्यम से बहुत तीखी और पैनी बात कह देते थे। ये भी परम्परा थी कि उनके बात का कोई बुरा नहीं मानता था। उस समाज में उनकी वही हैसियत थी जो आजकल 'कार्टूनिस्ट' की है।

भाँड़ों के साथ-साथ 'भगतियों' की भी बहुत लोकप्रियता थी। भाँड़ और भगतियों में अन्तर यह है कि भाँड़ अपना अभिनय केवल बोलकर करते थे जबकि भगती अपना खेल वेश बदलकर करते थे। भगतियों का एक मिलता-जुलता रूप बहुरुपियों में भी माना जाता था। वाज़िद

अली शाह ने अपनी युवा अवस्था में बहुरुपिये का एक खेल कराया था। वे अपने मुसाहिबों के साथ बैठे थे कि एक ज़ख़्मी आदमी हाथ में नंगी तलवार लिए आ गया था और वाज़िद अली शाह पर हमला करना चाहता था। कुछ मुसाहिब डर गए और अपनी जान बचाने की कोशिश करने लगे थे, लेकिन एक मुसाहिब बढ़कर लड़ने लगा था और उस आदमी को ज़ेर कर दिया था। मुसाहिब उस आदमी को जान से मारना ही चाहता था कि वह चिल्ला उठा था, मैं बहुरुपिया हूँ।

वाज़िद अली शाह अपने ज़माने में जिस तरह के प्रहसन किया करते थे। उसका बहुत रोचक विवरण 'विलियम किंगटन' (William Knighton) की पुस्तक 'The Private Life of an Eastern King (1855)' में मिलता है। इस पुस्तक में लेखक ने वाज़िद अली शाह के महलों में काम करने वाली एक सेविका 'इलाही जान' के संस्मरण लिखे हैं—"हर साल जाड़ों के एक महीने में वाज़िद अली शाह अपने घर वालों में एक ड्रामाई खेल खेला करते थे। जिसमें वे ख़ुद और दरबार की महिलाएँ शामिल होती थीं। इस खेल में देव (राक्षस) द्वारा एक बहुत ख़ूबसूरत लड़की ग़ज़ाला को उठा ले जाना और अन्त में राजा इंदर द्वारा लड़की को छुड़ा लेना दिखाया जाता था।

हर साल बादशाह की बेगमों में से एक ग़ज़ाला बनने के लिए चुनी जाती थी और दूसरी बेगमें परियों की पोशाक पहनतीं और चाँदी के पर लगाती थीं। एक बेगम राजा इंदर बनती थी और दूसरी बेगमें बुरे जिनों और उनके नौकरों का वेश बनाती थीं। यह नाटक लम्बे समय तक चलता था।

वाज़िद अली शाह हर साल सावन के महीने में जोगी बना करते थे। दरअसल उनकी जन्मपत्री के अनुसार ये मान्यता थी कि बच्चे की क़िस्मत में 'जोगी' होना लिखा है। ज्योतिषियों ने बताया था कि नक्षत्रों का यह प्रभाव इस तरह दूर हो सकता है कि बच्चा हर साल जन्मदिन पर 'जोगी' बना दिया जाया करे। इसलिए वाज़िद अली शाह हर साल

'जोगी' बनते थे। इस अवसर पर एक मेले का आयोजन भी किया जाता था। बड़े स्तर पर समारोह भी मनाया जाता था।

इस अवसर पर जोगी वाज़िद अली शाह पर केन्द्रित एक पूरा नाटक आयोजित किया जाता था जिसका बहुत विस्तार से विवरण वाज़िद अली शाह ने फ़ारसी में लिखा है। कई सप्ताह चलने वाले इस नाटक के कुछ प्रसंग आम लोग भी देखते थे। जनता भी देखती थी।

लखनऊ के इस वातावरण में सैयद आग़ा हसन 'अमानत' ने 'इंदर सभा' की रचना की थी। 'अमानत' के पिता का नाम 'मीर आक़ा अली' था। उनके पुरखों का सम्बन्ध ईरान से था। अमानत का जन्म (1815) लखनऊ में हुआ था। अपने समय की परिपाटी के अनुसार उनकी प्रारम्भिक शिक्षा घर पर ही हुई थीं। 'अमानत' को पन्द्रह साल की उम्र से ही शे'रो-शायरी का शौक़ पैदा हो गया था। शुरू-शुरू में उन्होंने नौहे और सलाम कहे थे। उस ज़माने के मशहूर मर्सिया-गो शायर मियाँ दिलगीर उनके उस्ताद थे। नौहे और सलाम कहने के बाद उन्होंने ग़ज़लें कहना शुरू किया था।

जवानी में ही एक बीमारी की वजह से उनकी ज़बान बन्द हो गई थी और वे सारी बातचीत लिखकर किया करते थे। उन्होंने अपने शे'रों में कई बार इस बात का ज़िक्र किया है। 1844 ई. में इराक में तीर्थाटन करने के बाद उनके साथ एक चमत्कार हुआ था। दस साल से बन्द उनकी ज़ुबान खुल गई थी। वे बोलने लगे थे लेकिन तुतलाकर बोलते थे। चूँकि साफ़ बोल नहीं पाते थे, इसलिए कहीं आने-जाने और लोगों से मिलने में कतराते थे। ज़्यादातर वक़्त घर में ही गुज़ारते थे। उस समय तक वे एक अच्छे कवि के रूप में स्थापित हो चुके थे और उनके कई शिष्य भी बन चुके थे।

बताया जाता है कि 'अमानत' ने लगभग सौ-सवा सौ मर्सिये कहे थे। अमानत की ग़ज़लों को उनके एक शिष्य शहज़ादा साहब-ए-आलम मिर्ज़ा हुमायूँ बख़्त बहादुर ने संकलित किया था। लेकिन उनका यह

दीवान छप न सका था और ऐसे ग़ायब हो गया था कि उसका किसी को कुछ पता न चला। अमानत की मृत्यु के बाद उनके दोस्तों ने उनकी कुछ ग़ज़लों को इस तरह जमा किया कि जो लोगों को याद थीं, उन्हें लिखा गया था और अमानत का एक दीवान तैयार हुआ था। वह पहली बार 1867 में छपा था। 'अमानत' ने 1851 में 'इंदर सभा' लिखी थी जिसके कारण आज तक उनका नाम बाक़ी है। 'इंदर सभा' लिखने के कारणों पर अनेक लेखकों ने अपनी राय दी है। इसका एक कारण वाज़िद अली शाह के युग में संगीत, नृत्य और दूसरी कलाओं का विकास एक कारण माना जाता है। इसी के साथ-साथ ये भी कहा जाता है कि उस समय लखनऊ में एक फ्रांसीसी विद्वान आ गया था जिसने पश्चिम के थिएटर और फ्रांस के ओपरा का परिचय लखनऊ वासियों को दिया था। बहुत सम्भव है 'अमानत' को इससे कोई प्रेरणा मिली हो। कुछ विद्वानों का यह मानना है कि 'इंदर सभा' की रचना लखनऊ के एक नवाब के आग्रह पर की गई थी परन्तु इस तथ्य का भी कोई प्रमाण नहीं मिलता। स्वयं 'अमानत' के अनुसार, वे शाही 'रहस्य' से न केवल परिचित थे बल्कि उनके प्रशंसक भी थे।

अपने साफ़ न बोल पाने के कारण वे आमतौर से घर में बैठे रहते थे जिससे दिल घबराता था। एक दिन उनके कुछ मित्र और शिष्य घर आए और बातचीत में ये बात निकलकर सामने आई कि 'रहस्य' तरह की कोई कविता लिखी जाए जिसमें कुछ दिल लगे। 'अमानत' के शागिर्द मिर्ज़ा आबिद अली 'इबादत' ने 'अमानत' को 'इंदर सभा' लिखने की प्रेरणा दी थी। निश्चित रूप से इस पर 'रहस्य' का प्रभाव था। इंदर सभा लिखने में उन्हें लगभग दो साल का समय लगा था। वह मंच पर बहुत सफलता से प्रस्तुत की गई थी और उस समय 'इंदर सभा' की लोकप्रियता की कोई सीमा न थी।

प्रो. सैयद हुसैन रिज़वी के अनुसार 19वीं शताब्दी में ही 'इंदर सभा' के पचास संस्करण प्रकाशित हो चुके थे। इसका अनुवाद हिन्दी, गुजराती,

गुरमुखी में भी हुआ था। इसके जर्मन भाषा में भी अनुवाद किए जाने की जानकारी मिलती है।

'इंदर सभा' की लोकप्रियता का अंदाज़ा इस बात से भी लगाया जा सकता है कि इंदर सभा की स्टाइल में उससे प्रभावित होकर अनेक नाटक लिखे गए थे। मदारी लाल की 'इंदर सभा' के अतिरिक्त ऐसे उन्नीस नाटकों के बारे में पता चलता है जो 'इंदर सभा' से प्रभावित थे। इंडिया ऑफिस लाइब्रेरी लंदन में 'इंदर सभा' के अड़तालीस संस्करण सुरक्षित है। इनमें से ग्यारह नागरी लिपि में है। इंदर सभा की लोकप्रियता और उसके प्रभाव का एक अत्यन्त रोचक उदाहरण यह है कि लार्ड कर्ज़न George Nathaniel Curzon (1859-1925)। 1899 हिन्दुस्तान में गवर्नर जनरल का पद पर आ रहे थे तब पूरे देश में उनके स्वागत की तैयारियाँ की जारही थीं। इसी अवसर पर उर्दू के प्रसिद्ध कवि अबकर इलाहाबादी ने कर्ज़न के स्वागत में एक नाटक 'कर्ज़न सभा' लिखी थी जो पूरी तरह 'इंदर सभा' से प्रभावित थी। कुछ समानताएँ इस प्रकार हैं—

कर्ज़न सभा : सभा में दोस्तों कर्ज़न की आमद आमद है
इंदर सभा : सभा में दोस्तों इंदर की आमद आमद है

कर्ज़न सभा : हूँ नाज़ से मामूर हुकुमत से भरी हूँ
ज़री मेरा दामन है मैं इक़बाल परी हूँ

इंदर सभा : मामूर हूँ शोख़ी से शरारत से भरी हूँ
धानी मेरी पोशाक है मैं सब्ज़ पूरी हूँ

इस तरह अनेक उदाहरण दिए जाते हैं।

'इंदर सभा' की प्रस्तुति किसी सभागार या थियेटर में नहीं की जाती थी। खुली जगह पर शामियाना लगाकर उसके नीचे कोई बीस फुट लम्बी-चौड़ी जगह मंच के लिए चुन ली जाती थी। मंच के दाएँ किनारे

पर आगे की तरफ एक तख़्त या चौकी बिछाई जाती थी जिस पर कालीन और गावतकिए लगाए जाते थे। इसके पीछे तीन कुर्सियाँ रख दी जाती थीं जिन पर परियाँ बैठती थीं। मुख्य मंच पर इंदर का आसन लगता था। कुर्सियों के पीछे संगीत और गायन मंडली बैठती थी।

दर्शकों से शामियाना भर जाने और आधी रात गुज़र जाने के बाद मशालों, शम्ओं की रौशनी में नाटक शुरू होता था। सबसे पहले संगीत की झंकार सुनाई देती थी। मंच के सामने लगाए गए लाल पर्दे के पीछे राजा इंदर आकर खड़ा होता था और संगीत की लय पर अपने पैरों के घुंघरू बजाता था। कुछ देर बाद पर्दा उठता था। राजा इंदर चौबोला गाकर नाचता था और दर्शकों का अभिवादन करके अपने आसन पर बैठ जाता था। काले देव आकर पीछे खड़े हो जाते थे और नाटक आगे बढ़ता था।

अमानत के जीवन-काल में 'इंदर सभा' का मंचन अवध तथा उत्तर भारत के प्रमुख नगरों में ही हुआ करता था लेकिन 1864 में इसका मंचन मुम्बई में भी हुआ था। ग्रांट रोड 'बम्बई थियेटर' में इंदर सभा के प्रदर्शन में पहली बार मंच के सामने पर्दा लगाया गया था। नाटक को पाँच दृश्यों में विभाजित किया गया था।

सन् 1870 के आसपास व्यवसायिक थियेटर कम्पनियों की लोकप्रियता के साथ-साथ 'इंदर सभा' की लोकप्रियता भी बढ़ रही थी जिसका प्रदर्शन लगीाग सभी कम्पनियाँ करती थीं पर उसमें आमतौर पर कुछ जोड़ और घटा दिया जाता था। 'इंदर सभा' का बहुत प्रभावशाली और आधुनिक तकनीक की सहायता से सफल मंचन 1873 पारसी एल्फ़िस्टन ड्रामेटिक क्लब ने किया था। इस मंचन में तकनीक और नए उपकरणों के प्रयोग के माध्यम से परियों को उड़ते हुए तथा गुलफ़ाम के पलंग का हवा में उड़ते दिखाया गया था।

बीसवीं शताब्दी में भी 'इंदर सभा' कलाकारों को आकर्षित करती रही। सन् 1925 में मणिकलाल जोशी ने 'इंदर सभा' पर आधारित एक मूक फ़िल्म बनाई थी। इसके बाद 1932 'इंदर सभा' पर एक सवाक्

फ़िल्म 'आलमआरा' से एक साल बाद बनी थी। सवाक् 'इंदर सभा' में सत्तर से अधिक गाने थे और इसकी अवधि 211 मिनट थी।

भारतीय रंगजगत आज भी 'इंदर सभा' को भूला नहीं है। कुछ वर्ष पहले विख्यात निर्देश मोहन उप्रेती के निर्देशन में नेशनल स्कूल ऑफ ड्रामा में 'इंदर सभा' को प्रस्तुत किया था। इसके अतिरिक्त अन्य निर्देशकों ने भी इसका मंचन किया है।

आज से लगभग पौने दो सौ साल पहले लिखी गई 'इंदर सभा' पूरी तरह अपने समय और समाज की अभिरुचियों के अनुकूल है। कुछ विद्वान 'इंदर सभा' पर फ्रेंच ओपेरा का प्रभाव मानते हैं लेकिन सैयद मसूद हसन रिज़वी इस बात से इनकार करते हैं। उन्होंने इस सम्बन्ध में कई तर्क दिए हैं। उनका मानना है कि 'इंदर सभा' उस समय खेले जाने वाले 'रहस्य' नाटकों से अधिक प्रभावित है। 'इंदर सभा' में नाटकीयता से अधिक गेयता है। उसमें ग़ज़लों के साथ-साथ लोकगीतों को भी प्रमुखता से रखा गया है। इंदर सभा का पूरा स्वरूप और भाषा कुछ ऐसी है जो आज के पाठक या दर्शक के समझ में आसानी से नहीं आएगी। 'इंदर सभा' की अवधि भी बहुत लम्बी है। लगभग पूरी रात चलने वाला नाटक है। लेकिन इसी के साथ-साथ 'इंदर सभा' का एक विशेष महत्त्व भी है। हिन्दुस्तानी का दूसरा लोकप्रिय नाटक होने के साथ-साथ वह मिली-जुली संस्कृति का एक बड़ा दस्तावेज़ भी है। मिली-जुली संस्कृति के कई आयाम 'इंदर सभा' में देखे जा सकते हैं। 'इंदर सभा' को याद करने का अर्थ अपनी सांस्कृतिक विरासत को याद करना है। यही सब कारण रहे हैं जिन्होंने मुझे इस बात पर विवश किया कि 'इंदर सभा' का एक ऐसा पाठ तैयार किया जाए जो आज के दर्शक और पाठक के लिए सुगम हो। जिसमें मूलतः 'इंदर सभा' का सौन्दर्य और चेतना भी दिखाई दे तथा उसी के साथ-साथ वह आज के दर्शक के लिए भी उपयुक्त हो। इस प्रयास के अन्तर्गत मैंने 'इंदर सभा' के मूल पाठ से कई तरह की 'छूट' लेने की कोशिश की है। सबसे पहला काम यह किया है

कि 'इंदर सभा' की अवधि को कम कर दिया। संशोधित और परिवर्तित पाठ में अब 'इंदर सभा' लगभग डेढ़-दो घंटे का नाटक है। दूसरा काम यह किया है कि मूल पाठ के उस अंशों में कुछ बदलाव किया है जो आज के दर्शक के लिए कुछ कठिन, लम्बे या उबाऊ हो सकते हैं। तीसरा परिवर्तन यह है कि लोक और क्लासिकी गायकी के आधार पर लिखे गए पाठ को कम किया है। पात्र और घटनाएँ वही हैं जो मूल नाटक में हैं। मूल: नाटक की नाटकीय चेतना को अधिक धारदार बनाने की कोशिश की है। नाटक के क्रमिक विकास में जहाँ आवश्यकता थी उन स्थानों पर कुछ दृश्य जोड़े हैं। जिन दृश्यों में पाठ कम लग रहा था उसे बढ़ाया है। कविता में लिखे गए पूरे नाटक में जो संवाद जोड़े गए हैं वे मूल पाठ की कविता से 'मैच' करते हैं या उनमें एक प्रकार की काव्यात्मकता है जो मूल पाठ से मेल खाती है।

'इंदर सभा' के मूल लेखक सैयद आग़ा हसन 'अमानत' और उर्दू ड्रामा और स्टेज के लेखक सैयद मसूद हसन रिज़वी 'अदीब' के प्रति आभार व्यक्त करना मेरा कर्तव्य बनता है क्योंकि यह प्रयास उनकी कृतियों से प्रेरित हैं।

—असग़र वजाहत

25 अप्रैल, 2022
नई दिल्ली

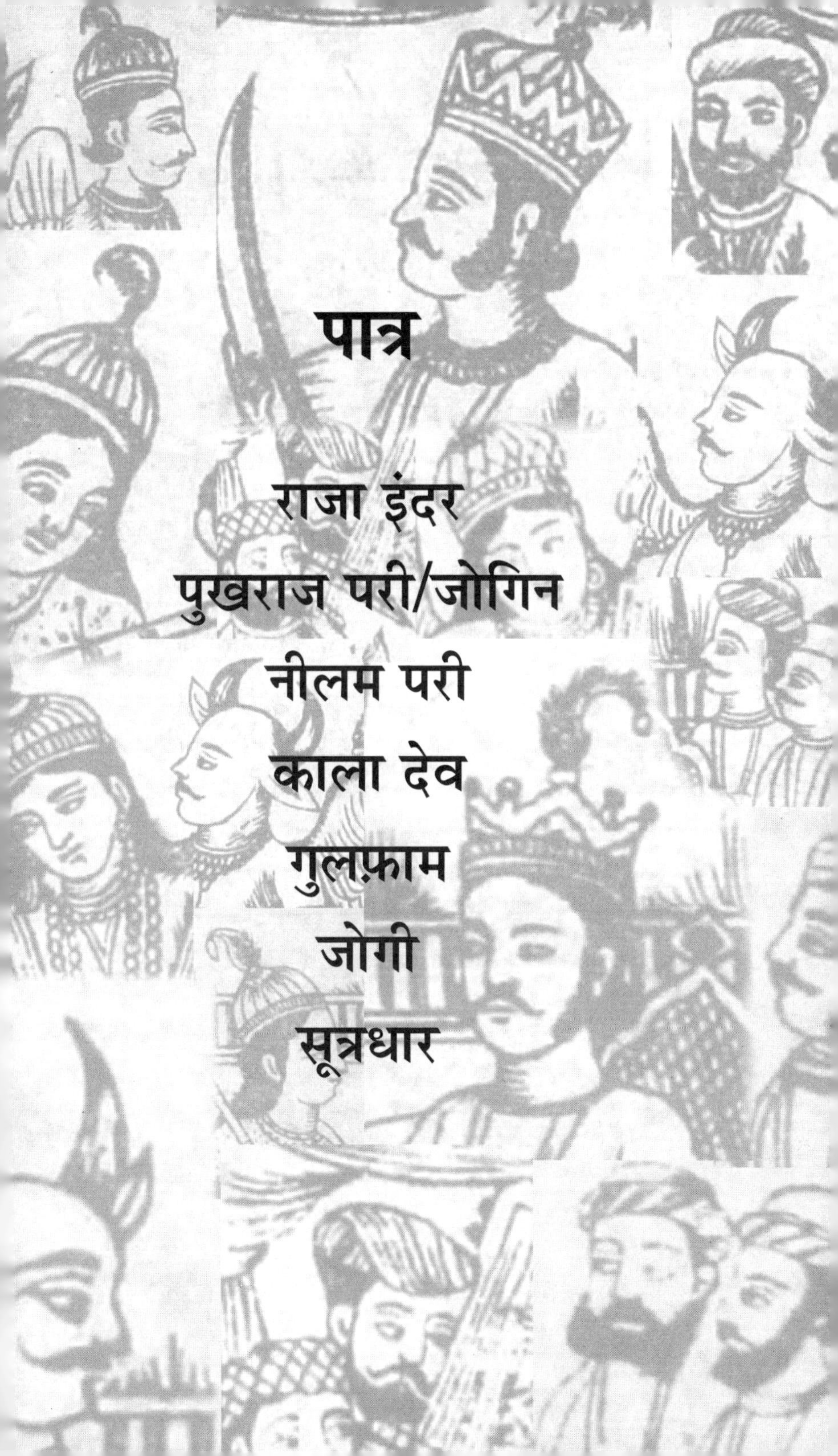

पात्र

राजा इंदर

पुखराज परी/जोगिन

नीलम परी

काला देव

गुलफ़ाम

जोगी

सूत्रधार

पहला सीन

[अभिनेता मंच पर आते हैं और दर्शकों को प्रणाम करते हैं। मंच के एक कोने में संगीत मंडली बैठी है जो संगीत बजाकर दर्शकों का स्वागत करती है और संगीत मंडली से ही एक गायक उठकर आगे आता है और लय में बोलता है।]

सूत्रधार—

हिन्दुओं को राम राम
मुसलमानों को सलाम
सिखों को सत श्री अकाल
क्रिस्तानों को ईशु बा-कमाल
आशिकों को दुआ-ए-विसाल
नास्तिकों को अभिवादन
मूर्खों को लतावन
धूर्तों को जुतावन
अरे! इंदर का दरबार लगा है
परियों का अंबार लगा है

[राजा इंदर को छोड़कर सभी अभिनेता गाते हैं।]

सभा में दोस्तों इंदर की आमद आमद है
परी जमालों के अफसर की आमद आमद है
जलव-ए-हुस्न से आँखों को अब करो रौशन
के इस चमन में अब इंदर की आमद आमद है

[मंच पर राजा इंदर आकर गाता है। दूसरे अभिनेता चले जाते हैं।]

राजा इंदर—

राजा हूँ मैं कौम का इंदर मेरा नाम
परियों को देखे बिना मुझे नहीं आराम...
सुनो रे मेरे दिलबरों दिल को नहीं क़रार
जल्दी मेरे वास्ते सभा करो तैयार

[राजा इंदर सिंहासन पर बैठ जाता है। सिंहासन के दाएँ तरफ़ काला देव खड़ा है। सूत्रधार मंच पर आगे आकर गाता है।]

सूत्रधार—

महफ़िले इंद्र में पुखराज परी आती है
सारे माशूक़ों की सरताज परी आती है
जिनका साया न कभी ख़्वाब में देखा होगा
आज महफ़िल में वो पुखराज परी आती है
उसकी सुन्दरता से हो जाएगी दुनिया रौशन

होश हम सबके उड़ाने को परी आती है
महफ़िले इंद्र में पुखराज परी आती है

[पुखराज परी आती है। राजा इंदर को प्रणाम करती है।]

पुखराज परी—

राजा इंदर देस में रहें इलाही शाद
जो मुझ नाचीज़ को किया सभा में याद
किया सभा में याद मुझे राजा जी ने...
माल दुनिया का नहीं है दरकार
माँगती कुछ नहीं मैं आपसे मेरे सरकार...
इच्छा मेरी है यही कहती हूँ सीना तान
जग में महिमा इंद्र की बनी रहे भगवान

[पुखराज परी स्वर और लय बदलकर।]

पुखराज परी—

नाचना गाना सदा काम है मेरा
संसार में पुखराज परी नाम है मेरा
फंदे से मेरे कोई निकलने नहीं पाता
इस ओर से उस ओर बिछा जाल है मेरा...
मैं लाख की दो लाख की चिंता नहीं करती
दो शब्द लगावट के, इनाम है मेरा

करती हूँ दिलों-जान से राजा की मैं पूजा
कहते हैं जिसे कुफ्र वो ईमान है मेरा

[पुखराज परी नाचते-नाचते राजा इंद्र के पास आती है। उनके चरण स्पर्श करती है। इंदर उसके सिर पर हाथ रखते हैं। वह एक आसन पर बैठ जाती है।]

[सूत्रधार मंच पर आता है।]

सूत्रधार—

सभा में आ रही नीलम परी है
ध्यान से देखो नज़ाकत से भरी है
न देखा होगा नाच ऐसा तुमने
बला है, सहर है, जादूगरी है
ज़मीं पर वो परी आती है इतराती
जवाहर से जो रंगत में खरी है

[मंच पर नीलम परी का प्रवेश।]

नीलम परी—

हूरों के होश उड़ते हैं उड़ने की शान पर
नीलम परी है नाम मेरा आसमान पर
उड़ते नहीं हैं मेरी नज़ाकत पे किसके होश
वो कौन है जो मरता नहीं है ज़मीन पर

[स्वर बदल कर]

मैं चेरी सरकार की और तुम राजों के राज
गाना मुझ माशूक का सुनो ग़ौर से आज
सुनो ग़ौर से आज मेरा राजा जी गाना
कैसा मेरा नाच लगा है तुम बतलाना

[नीलम परी नाचने के बाद राजा इंदर को प्रणाम करती है। राजा इंदर कहते हैं।]

राजा इंदर—

दिखा चुकी तू करतब सारे
पहलू में अब बैठ हमारे...
किया सभा में तूने नाम
अब है लाल परी का काम
लाओ, लाल परी को लाओ
जाओ, लाल परी को लाओ

सूत्रधार—

सभा में लाल परी की सवारी आती है
सँभल देखो के अब इंदर की प्यारी आती है
निगाह उसकी छुरी से सवा नुकीली है
लगाने सबके दिलों पर कटारी आती है

[लाल परी आकर गाती और नाचती हैं।]

लाल परी—

बैठी थी मैं क़ाफ़[1] में जोड़ा पहने लाल
यहाँ बुलाकर आपने बढ़ा दिया सम्मान
बढ़ा दिया सम्मान कि याँ मुझको बुलवाया
रंग सभा का आज बहुत दिन बाद दिखाया
रूप स्वरूप स्वभाव सब मेरे मन को भाया
रहे सदा उस्ताद पर याँ करतार का साया

[लाल परी नाचती रहती है। राजा इंदर सो जाते हैं। पुखराज परी उठकर इंदर के सेवक काला देव के पास जाती है। उसका हाथ पकड़कर उसे मंच के एक कोने में खींचकर ले जाती है। प्रकाश पुखराज परी और काला देव पर केन्द्रित हो जाता है।]

दूसरा सीन

[मंच पर पुखराज परी और काला देव के संवाद।]

पुखराज परी—

राजा जी तो सो गए दिया न कुछ इनाम
जाती हूँ मैं बाग़ में यहाँ मेरा क्या काम...
सुनो रे काले देव अरे तू मेरी बात
आती थी राजा के घर जो मैं आज की रात
शहज़ादा एक बाम पर सोता था नादान
जोबन उसका देखकर निकली मेरी जान
उतरी अपने तख़्त से तीर कलेजा खाए
सोता था वो बेख़बर हाथ पाँव फैलाए
सूरत उसकी देखकर दिल से गया क़रार
मुँह पर मुँह मैंने रखा किया बहुत-सा प्यार
दिल मेरा लगता नहीं महफ़िल के दरमियान
जिस्म मेरा है यहाँ वहाँ है मेरी जान
उसको गर तू ला उठा जल्दी जाकर यार
लौंडी मैं हो जाऊँगी तेरी बिलकुल बे तकरार

[अन्तिम पंक्ति नृत्य करते हुए कई बार दोहराती है।]

काला देव—

(डर कर)
पुखराज परी
इंदर की मुँह लगी
होश के नाखून ले
हवास की बातें कर
इंदर की सभा में
आदमी का कहाँ गुज़र
है परियों और देवताओं का परिसर
इंदर के लोक में
कायदे-कानून हैं दुष्कर
तोड़ने वालों को मिलता है तख़्ता
आदमज़ात को यहाँ लाना चाहती है क्यों ?
मेरा और अपना सिर कटाना चाहती है क्यों?

पुखराज परी—

काले देव तू क्या जाने इश्क़ की तड़पन क्या होती है
क्या जाने तू विरह की आग क्या होती है
क्या जाने तू मुहब्बत में मर मिटने का सुख क्या होता है
क्या जाने तू कि महबूब बिन जीवन कैसा नरक होता है
क्या जाने तू आशिक़
नहीं करते सिर की चिन्ता
गले लगाते हैं चिता...
चाहे हो जाए जो
चाहे फट जाए धरती

चाहे गिर जाए आकाश
चाहे सूख जाए समंदर
चाहे बिगड़ जाएँ सब काम
मुझे चाहिए गुलफ़ाम...
काले देव ला दे मुझे गुलफ़ाम
और फिर जो चाहे ले ले मुझसे
जो चाहे ले ले
धन ले
जान ले ले
मन ले ले
तन ले ले

काला देव—

[काला देव की आँखें चमकने लगती हैं। वह बड़े कामुक ढंग से पुखराज परी को देखता है।]

घर में राजा के है तू परियों की सरदार
तुझसे कर सकता नहीं हरगिज़ मैं इनकार
तेरी ख़ातिर है मुझे सबसे यहाँ सिवा
पता बता माशूक़ा का लाऊँ अभी उठा

पुखराज परी—

जा तू सिंहल दीप से अख़्तर नगर[1] में हाँ
सोता है माशूक़ मेरा लाल महल पर वाँ

छल्ला मैं दे आई हूँ अपना उसे निशान
हरे नगों की जोत से तू उसको पहचान

[पुखराज परी चली जाती है। काला देव का नृत्य और गायन शुरू होता है।]

काला देव—

पुखराज परी के आशिक़ को
धरती या आकाश में हो
स्वर्ग या पाताल में हो
नाले या तालाब में हो
घर में हो खेत में हो
पानी में या रेत में हो
खोज के मुझको लाना है
पुखराज परी को आशिक़ देकर
उसे गले लगाऊँगा
पुखराज परी से वस्ल करूँगा
तन की आग बुझाऊँगा

तीसरा सीन

सूत्रधार—

साहिबो, मेहरबानो, दिलदारो
निकल पड़ा है काला देव
काले कुछ अरमान छिपाये
पुखराज परी से
वस्ल की इच्छा
सीने में दबाये
निलक पड़ा है काला देव
अरमानों की सेज सजाये

[काला देव पुखराज परी के प्रेमी गुलफ़ाम को खोजता है। उसे अचानक एक जगह वह सोता हुआ मिल जाता है। काला देव ख़ुशी में नाचता गाता है।]

काला देव—
वो इश्क़ में जिसके तड़पती है
यही है
जिस माशूक़ से मिलने को बिलखती है

यही है
सौजान से जिस पे वो रोती है तड़पती है
यही है
हर पल जिसे मिलने को तरसती है
यही है

[काला देव गुलफ़ाम को पीठ पर लादकर मंच का चक्कर लगाता है और एक जगह लिटा देता है और छिप जाता है।]

[माशूक़ गुलफ़ाम को धीरे-धीरे होश आता है। वह उठकर बैठ जाता है। और खड़ा होकर कहता है। काला देव छिप जाता है।]

गुलफ़ाम—

कोठा मेरा क्या हुआ छूटा किधर मकान
सोया था मैं किस जगह ये है कौन जहान
ना वो मेरे लोग हैं ना वह मेरी जा
ख़्वाब में मैं हूँ या जाग रहा हूँ याँ

[गुलफ़ाम इधर-उधर देखने की कोशिश करता है। बहुत समझ नहीं पाता कि कहाँ है।]

गुलफ़ाम—

घर से यहाँ कौन उठा के लाया मुझको
किस सितमगर ने सोते से जगाया मुझको
ढूँढ़ने कोई मेरे घर से न आया मुझको

नींद से आँख किसी की न खुली कोठे पर
क्या अज़ीज़ों ने भी दिल से भुलाया मुझको

[काला देव सामने आता है। गुलफ़ाम डर जाता है। काला देव हँसता है।]

गुलफ़ाम—

कौन हो तुम के डराते हो मुझे—
कौन हो तुम के सताते हो मुझे

काला देव—

अरे नादान...
सुन भाग्यवान
तू आ गया है
परिस्तान...

गुलफ़ाम—

[घबराकर]

परिस्तान
कैसा परिस्तान?
कैसे आया मैं
परिस्तान...

[गुलफ़ाम बेचैन होकर इधर-उधर देखता है। अपना सिर पीटता है। अपने को थप्पड़ मारता है। अपने बाल

नोचता है। उसी समय मंच पर पुखराज परी आ जाती है। और गुलफ़ाम का हाथ पकड़ लेती है। काला देव चला जाता है।]

पुखराज परी—

देखो तुम मेरी तरफ़ घर का मत लो नाम
लौंडी मुझको जानकर करो यहाँ आराम
जो होना था सो हुआ जाने दो बस खैर
चलो फिरो खाओ पियो करो बाग की सैर
अपना परिचय दे दो मुझको क्या है तुम्हारा नाम
रहते हो किस गाँव में, शहर का क्या है नाम

गुलफ़ाम—

महलों में रहता हूँ मैं ऐश है मेरा काम
शहजा़दा हूँ हिन्द का नाम मेरा गुलफ़ाम
तू औरत किस कौम की अपना नाम बता
दोनों शानों पर तेरे निकला है ये क्या

पुखराज परी—

कौम की हूँ मैं परी समझ न तू हैवान
यह दोनों पर हैं मेरे ए मूरख नादान
रहती हूँ मैं क़ाफ़ में पुखराज परी है नाम
राजा इंदर के यहाँ नाच है मेरा काम

गुलफ़ाम—

मेरा आना किस तरह हुआ है तेरे पास

पुखराज परी—

तुझ पर मैं आशिक़ हुई चलते-चलते राह
उठा मँगाया याँ तुझे भेज के देव स्याह

[स्वर बदल कर]

सर पे आँखों पे कलेजे पे बिठाऊँ तुझको
आ मेरे पास गले से मैं लगाऊँ तुझको
दिलों-जां से मुझे भाती हैं अदाएँ तेरी
पास ला चाँद सा मुँह लूँ मैं बलाएँ तेरी
लेट पहलू में मेरे घर को मैं आबाद करूँ
तुझको लिपटा के गले वस्ल से दिल शाद करूँ

गुलफ़ाम—

वस्ल की अपनी क़सम अब न खिलाना मुझको
ना, ख़बरदार गले तुम न लगाना मुझको
मुझको नादां न समझ दूर हो दाना हूँ मैं
कौम की तू जो परी है तो स्याना हूँ मैं

पुखराज परी—

ज़िन्दगी का है मज़ा ऐसी मुलाक़ातों में
चोंचले मुझसे बघारो न जरा बातों में

देख पछताएगा मेरा जो बुरा दिल होगा
वस्ल तुझको न परी का कभी हासिल होगा

गुलफ़ाम—

वस्ल का वायदा मैं एक शर्त पे हाँ करता हूँ...
राजा इंदर के अखाड़े का तमाशा दिखा दे
सैर मैं तेरे सबब वाँ की जो एक बार करूँ
जीते जी फिर न कभी वस्ल से इनकार करूँ
उम्र भर पास से तेरे न कहीं जाऊँ मैं
जो कहे तू उसे आँखों से बजा लाऊँ मैं

पुखराज परी—

ऐसी बातों का नहीं कहना अच्छा
जान आफ़त में नहीं मुफ़्त फँसाना अच्छा...
आफत आ जाएगी तुझ पे अरे एक आन के बीच
आदमी ज़ात का क्या काम परिस्तान के बीच
कोई राजा को ख़बर जाके लगा देवेगा
फूँक देवेगा मुझे तुझ को जला देवेगा

गुलफ़ाम—

मैं न मानूँगा न मानूँगा कभी बात तेरी
काम किस रोज़ ये आएगी मुलाक़ात तेरी
तू किसी देव की ख़िदमत में वहाँ जाती है
इसलिए मुझको सभा में नहीं ले जाती है

अमानत की इंदर सभा

पुखराज परी—

बात हरगिज़ ये ज़बाँ से न निकालो साहब
होश में आओ जरा मुँह तो सँभालो साहब
देव से मुझ को बुरा काम जो करना होता
आदमी ज़ात पर किस वास्ते मरना होता
मैं परी होके फ़िदा देव पे जी जान करूँ
एड़ी चोटी पे मुए देव को क़ुर्बान करूँ

गुलफ़ाम—

वाँ न ले जाएगी तो जी से गुज़र जाऊँगा
मैं अभी अपना गला काट के मर जाऊँगा

पुखराज परी—

मुफ़्त जाएगी मेरे यार जवानी तेरी
हाय अफ़सोस कि जो बात न मानी तूने
शेर के मुँह में मेरी जान चला आपसे तू
थक गए होंठ कहाँ तक अरे समझाऊँ मैं
चल अखाड़ा तुझे इंदर का दिखाऊँ मैं
पीछे-पीछे मेरे तुम नाच में रहना साहब
गा के और नाच के बुत सबको बना दूँगी मैं
तुमको ले जा के दरख़्तों में छिपा दूँगी मैं
किसी आफ़त में यकायक अगर आना जानी
याद रखना कि मुझे भूल न जाना जानी

चौथा सीन

सूत्रधार—

अब सुनिए आगे का अहवाल
काला देव चाहे है विसाल
परी नहीं इस पर तैयार
काला देव करेगा वार

[मंच पर एक तरफ़ से पुखराज परी अन्दर आती है और दूसरी तरफ़ से काला देव अन्दर आता है काला देव पुखराज परी का रास्ता रोककर खड़ा हो जाता है।]

काला देव—

चल मेरे साथ चल पुखराज परी
मैंने की है तेरी हसरत पूरी
तू भी कर अब मेरी हसरत पूरी
ढूँढ़ लाया हूँ तेरा, आशिक़ मैं
अब तुझे वस्ल का वादा निभाना होगा

छपरखट पे मुझे साथ लिटाना होगा
मुँह से मुँह, दिल से मेरे दिल को लगाना होगा

[स्वर बदल कर]

पुखराज परी—

बेशक
तूने आशिक़ से मिलाया
मुझे मस्ताना बनाया
दिल का वीराना सजाया
रुक रही थी मेरी साँस
तूने उसे चलाया
सूख रही थी मेरी जान
तूने अमृत बरसाया...
मैं तुझे देती हूँ इनाम
जा ले जा लखटकिया माला
हो जाएगा माला-माल

[गले से माला उतारकर काले देव की तरफ़ बढ़ाती है। काला देव माला नहीं लेता।]

काला देव—

पैसे की हवस है न किसी माल की धुन है
धुन है तो फ़क़त वस्ल की बस वस्ल धुन है...
जी चाहता है जान मैं निसार करूँ
ख़ूब लिपटा के तुझे देर तलक़ प्यार करूँ

पुखराज परी—

मैं परीजाद हूँ इंदर की सभा की रानी
तू है अदना सा एक देव शक्ल है काली
वस्ल मेरे साथ, ये बात क्यों दिल में डाली
दूर हो ऐ मुएं काले कामी

काला देव—

वादे से मुकर जाना अच्छा नहीं होता
कुछ कह के बदल जाना अच्छा नहीं होता
दिल तोड़कर जाना कभी अच्छा नहीं होता
तू सोच ले एक बात कहे देता हूँ तुझसे
एक देव से लड़ना कभी अच्छा नहीं होता

पुखराज परी—

चल चल मुए काले देव
इतना इतराना ठीक नहीं
जा पानी में अपनी शक्ल देख
उसके बाद ज़बान खोल

काला देव—

मुझसे बिगाड़ करके पछताएगी तू
धूल में राख में मिट्टी में मिल जाएगी तू
आज तक जो भी मिला है उसे गँवाएगी तू

होश उड़ जाएँगे बे मौत मर जाएगी तू
बिजली बनकर के गिरूँगा जल जाएगी तू

पुखराज परी—

इश्क़ के आगे भला कौन ठहर सकता है
इश्क़ सैलाब है दुश्मन को बहा देता है
इश्क़ शोला है रक़ीबों को जला देता है
इश्क़ नग़मा है जो सोतों को जगा देता है
इश्क़ ताक़त है जो रुस्तम को झुका देता है...
इश्क़ लैला भी है मजनू भी है फरहाद भी है
इश्क़ सरमद भी है मंसूर भी सुक़रात भी है
इश्क़ इनसान के मेराज की रूदाद भी है
इश्क़ के आगे भला कौन ठहर सकता है...

पाँचवाँ सीन

सूत्रधार—

काले देव के सीने में
मरने में औ जीने में
खाने में औ पीने में
आग लगी है बदले की
आग लगी है बदले की

[राजा इंदर की सभा में पुखराज परी आती है। राजा को झुककर कई बार सलाम करती है। राजा इंदर इशारे से उसे नृत्य करने की अनुमति देते हैं।]

पुखराज परी—

सभा में बुलवाकर मुझे आप किया आराम
आई हूँ मैं फिर यहाँ करने अपना काम
करने अपना काम याँ फिर मैं हूँ आई
ठुमरी छंद ग़ज़ल की जी में धुन है समाई

समाँ बँधेगा आज जो मैं जी खोल कर गाई
कहेंगे सब उस्ताद ने क्या-क्या चीज बनाई

[पुखराज परी ग़ज़ल गाती है]

पैदा हुए हैं चाहने वाले नए-नए
अन्दाज़ यार ने हैं निकाले नए-नए
घेरे हैं उनको ग़ैर कभी अशना कभी
हैं गिर्द मेरे चाँद के हाले नए-नए
है इब्तिदाये इश्क़ अमानत ख़ुदा बचाए
जल्लाद के हुए हैं हवाले नए-नए

[पुखराज परी ग़ज़ल गाने के बाद राजा इंदर को सलाम करके चली जाती है और काला देव राजा इंदर के पास जाता है।]

काला देव—

स्वामी तीनों लोक के इंद्र देव भगवान
हाथ जोड़कर आपको करता हूँ परनाम
अरे करता हूँ परनाम के कारण है गम्भीर
नियम सभा के टूट गए सभी हुए बदनाम

[स्वर बदलकर]

सुखी रहें महाराज सदा
और, सदा रहें आबाद

सेवक को अनुमति मिले
तो कहे नई रूदाद

राजा इंदर—

बोलो, बोलो मुँह खोलो...

काला देव—

खाता था जिस दम चमन की हवा
हक़ीक़त वो देखी के होश उड़ गया
उधर जो है एक चम्पा का पेड़
उधर मैंने देखा एक आदमीजाद
उसे कौन लाया यहाँ अपने साथ
इसी फ़िक्र में तब से मलता हूँ हाथ

राजा इंदर—

अरे देव तू यह सब क्या बक रहा
मेरे बाग़ में काम इंसां का क्या
हुआ किस तरह याँ आदमी का गुज़र
परिंदों के दहशत से जलते हैं पर
फ़रिश्तों की याँ अक्ल हैरान है...
कैसे यहाँ आ गया आदमज़ात
किसी देव से आशनाई न हो
परी कोई साथ अपने लाई न हो

अभी जा, अभी जा उसे लेके आ
देखूँ कि हिम्मत ये किसकी हुई
कि आने की याँ उसको ज़ुर्रत हुई

अमानत की इंदर सभा

छठवाँ सीन

सूत्रधार—

आग बदले की हर इक चीज़ जला देती है
दोस्त दुश्मन का हर इक फ़र्क़ भुला देती है
दोस्ती, प्यार, मुहब्बत को मिटा देती है...
देव के मन में लगी आग ज्वाल बन के
देखिए क्या करती है
क्या होता है...

[काला देव जंगल में गुलफ़ाम को खोज रहा है।]

काला देव—

कहाँ गया तू गुनहगार
होगा जल्दी गिरफ़्तार
काले देव की आँखों से
इंद्र देव की लातों से
बच नहीं सकता तू दिलदार

[काला देव गुलफ़ाम को खोज लेता है। उसकी गर्दन पकड़ लेता है।]

काला देव—

माशूक़ गिरफ़्तार है आशिक़ को ख़बर कर
अब क़ैद की कटेगा सज़ा सबको ख़बर कर

गुलफ़ाम—

क्या बात है क्यों मुझ को पकड़ता है तू ज़ालिम
क्या जानता नहीं है कि मैं गुलफ़ाम हूँ ज़ालिम
मैं मुल्क का अपने बड़ा शहज़ादा हूँ ज़ालिम
क्या मेरी खता है जो सताता है तू ज़ालिम

काला देव—

इंदर के परिस्तान में तू क्यों चला आया
क्या काम है तेरा यहाँ तू क्यों चला आया
जमघट यहाँ परियों का है इंदर की सभा है
क्या काम है तेरा यहाँ, तू क्यों चला आया

गुलफ़ाम—

आया नहीं लाया गया हूँ
अजी मैं तो फँसाया गया हूँ
सो रहा था खाट पर मैं बेख़बर
खुली जो आँख तो उट्ठा यहाँ पर

अमानत की इंदर सभा

काला देव—

राजा इंदर अब करेंगे
भाग का तेरे फैसला
उम्र क़ैद या फाँसी देंगे
बचा न पाएगी तेरी लैला

गुलफ़ाम—

जाने दे मुझे
रोक न ऐ रोकने वाले
जाने दे मुझे हिन्द से आया हूँ
यहाँ मैं
जाने दे मुझे
मैंने कोई जुर्म
न अपराध किया है

काला देव—

आया है परिस्तान तो
फिर जा नहीं सकता
दरबार में इंदर के
कोई बच नहीं सकता

सातवाँ सीन

सूत्रधार—

इंदर सभा में आ गया भूचाल
जहाँ पर न मारता था परिन्दा
पकड़ा गया
आदमज़ात
हो गया भयानक अपराध
इंदर सभा की
मिल गई मिट्टी में
शान

[राजा इंदर के दरबार में काला देव गुलफ़ाम को खींचकर राजा इंदर के सामने पेश करता है।]

काला देव—

बजा आपका हुकुम लाया ग़ुलाम
चमन में पहुँचकर किया अपना काम
ऐश से सो रहा तब उठाया इसे

सभा की तरफ़ खींच लाया इसे
सज़ा दीजिए जो सज़ावार है
खड़ा हाथ जोड़े गुनहगार है

राजा इंदर—

अरे कौन है तू तेरा क्या है नाम
किया जग में तूने मुझे बदनाम
तुझे लाया यहाँ कौन बता
हिम्मत कहाँ से ये आई बता
किया फ़ैसला तूने आने का याँ
तुझे जान का डर लगा न यहाँ
मेरी सारी महफ़िल की ली आबरू
यहाँ घूरने आया था परियों को तू
बता हाल अपने आने का तू
नहीं राख का ढेर बन जाएगा तू

गुलफ़ाम—

कहूँ क्या वक़्त का सताया हूँ
जान पर खेलकर आया हूँ
धूम लोगों से इसकी सुनी थी सभी से
इंदर सभा देखने की हसरत थी दिल में
आशनाई में एक परी की ये हिम्मत पड़ी
वो मुझ पर देती है दम
और मैं उस पर देता हूँ जान
नाम है उसका परी पुखराज
दमकती है जैसे हीरे जवाहरात

लाई है मुझको छुपा कर यहाँ
मेरे ज़िद करने की ख़ातिर यहाँ
मुजरिम हूँ याँ गुनहगार हूँ याँ
जो चाहो सज़ा दो गिरफ़्तार हूँ याँ

राजा इंदर—

पुखराज परी को करो हाज़िर
की जाएगी उसकी बड़ी ख़ातिर

गुलफ़ाम—

ग़लती उसकी नहीं,
सज़ावार हूँ मैं
भूल उसकी नहीं
गुनहगार हूँ मैं

[काला देव पुखराज परी को लाता है।]

राजा इंदर—

बेशर्म
बेहया
बेईमान
बेवफ़ा
बेदर्द
बेरवा
एहसान फ़रामोश

अब तुझे कर दूँगा ख़ामोश...
तेरा रंग गैरत से उड़ता नहीं
तुझे क्या परीजात जुड़ता नहीं
सभा में लगा लाई इंसां को साथ
तेरा अब गरीबाँ है और मेरा हाथ

पुखराज परी—

मैं हक़ीक़त में पूरी सज़ावार हूँ
राजा इंदर मैं तेरी गुनहगार हूँ

[पुखराज परी गुलफ़ाम से कहती है।]

देखा न मानी मेरी बात तूने
किया मुझको बदनाम ज़माने में तूने
ख़तरे में डाली ज़िन्दगी अपनी तूने
मुझे भी दिला दी सज़ा कड़ी तूने

राजा इंदर—

[काला देव से पुखराज परी के लिए।]

हुकुम मेरा है के ले जाओ इसे
बालों—पर नोच के तड़पाओ इसे
करके मुँह काला छोड़ आओ इसे
फिर न आने की यहाँ ये करे हिम्मत देखो
दूसरी परियों से न मिलती रहे राहत देखो...
इसने बदनाम किया हुकुम न माना मेरा

सारी दुनिया में किया इसने खराबा मेरा...
उड़ती फिरे राख की तरह इधर-उधर
न आए कभी हमारे दर पर

[काला देव पुखराज परी को ले जाता है।]

राजा इंदर—

[गुलफ़ाम को देखकर]

आदमी ज़ात है
बदज़ात है
आदमी ज़ात है
मक्कार है
बात की बात बनाने में
बहुत हुशियार है
एक दूजे पे भरोसा नहीं करते ये लोग
इन पे हम कैसे भरोसा कर लें
झूठ, झगड़े में दगाबाजी में
चोरी करने में बदगुमानी में
कोई इनके बराबर क्या होगा
कोई मक्कार इनसे क्या होगा...
ले जाओ इस आदमज़ात को
डाल दो गहरे कुएँ में
जहाँ पहुँचती नहीं रोशनी सूरज की...

आठवाँ सीन

सूत्रधार—

पागल होकर घूम रही है
गली-गली में डोल रही है
बदन सूख कर काँटा है
जंगल-जंगल
पर्वत-पर्वत
गरम राख का
झोंका जैसी
खोज रही है
ढूँढ़ रही है

[पुखराज परी जंगल में जोगी से मिलती है जिसके प्रभाव से जोगिन बन जाती है। मंच पर पुखराज परी गुलफ़ाम को खोज रही है।]

पुखराज परी—

तू कहाँ है मेरे महबूब
मेरे दिल-जिगर के टुकड़े

मेरे दिल का करार
मेरी आँखों की रौशनी
मेरे दिल की धड़कन
मेरी साँस के तार
मेरी रूह के चिराग

[गाती है]

मरीज़े इश्क़ मरता है मसीहा की दुहाई है
फँसी है इश्क़ के फंदे में गर्दन मौत आई है
रखे अल्लाह इज़्ज़त इश्क़ में कुछ बन नहीं पड़ता
मदद को या अली पहुँचो लबों पर जान आई है

[पुखराज परी गाती और नृत्य करती है।]

मोरी अँखियाँ फिरकन लागीं
क्या हुआ यार किधर गए सइयाँ
मोरी अँखियाँ फिरकन लागीं
देह फुकत है जिया तड़पत है
प्रीत लगा के मजा हम चखियाँ
मोरी अँखियाँ फिरकन लागीं
नैनन में दिलदार बसत है
ये अँखियाँ मोरी दुखियाँ
मोरी अँखियाँ फिरकन लागीं

[पुखराज परी नाचते-नाचते रुक जाती है और दोहा पढ़ती है।]

पुखराज परी—

सुन्दर बिरहनि अति दुखी, पीव मिलन की चाह।
निस दिन बैठी अनमनी, नैननि नीर प्रवाह॥

[मंच पर एक योगी आता दिखाई पड़ता है।]

जोगी—

अलख निरंजन
जय गुरु गोरखनाथ

पुखराज परी—

जोगी महाराज
राम राम
बिपदा सुनो हमार
माशूक़ ढूँढ़ती हूँ
वो मिलता नहीं मुझे
कोई मकान उसका
न कोई निशान उसका
मिलता नहीं मुझे
रो-रो रात कटती है
हर दिन तड़पती हूँ
दोनों पहर सिसकती हूँ
जीती न हूँ न मरती हूँ
माशूक़ ढूँढ़ती हूँ
मिलता नहीं मुझे

जोगी—

कन्या...हठयोग की शरण में आ...सूर्य और चन्द्र के, इड़ा और पिंगला के एकीकरण के बिना कुछ सम्भव नहीं...कुंडलिनी जगा...चित्त को स्थिर कर...ताप से मुक्ति मिलेगी...चेतना जागृत होगी...अनहद नाद सुनाई देने लगेगा...मनोकामना पूरी होगी... सुख प्राप्ति होगी, जोग धारण कर...कन्या जोग धारण कर...

नवाँ सीन

सूत्रधार—

जोगिन आती है परी बन के परिस्तान के बीच
माला हाथों में कमंडल है कड़े कान के बीच
हाल मतवाला है, आँखें हैं मये इश्क़ से लाल
मस्त शहज़ादे गुलफ़ाम के है ध्यान के बीच
सिर को धुनते हैं सदा सुन के चरिंद और परिंद
कैसी आफ़त की अदाएँ हैं कयामत उसकी
पानी पत्थर को वो कर देती है इक आन के बीच

[पुखराज परी ने जोगिन का रूप धारण कर लिया है। गुलफ़ाम को ढूँढ़ रही है।]

पुखराज परी—

[पुखराज परी ठुमरी गाती है।]

मैं तो शहजादे को ढूँढ़न चलियाँ
अंग भभूत जोगिन बन मलियाँ
छान फिरी सब गलियाँ

मैं तो शहज़ादे को ढूँढ़न चलियाँ
जी जावत है डगर नहीं आवत
हम महलों की पलियाँ रे
लट झटका के भेस बना के
देस बिदेस निकलरीं याँ
सीस चटक गयो, पाऊँ झुलस गयो
धूप में तन मन जालियाँ री
तन कुमलहा गयो मुख मुरझा गयो
जैसे गुलाब की कलियाँ रे
मैं तो शहज़ादे को ढूँढ़न चलियाँ
जग दुश्मन है राह कठिन है
बलाएँ क्यों कर टलियाँ रे
मैं तो शहज़ादे को ढूँढ़न चलियाँ

[मंच पर पुखराज परी गुलफ़ाम को खोजती है। जिस तरफ़ से कोई आवाज़ आती है उधर लपककर देखती है।]

[पुखराज परी गाती है और मंच पर गुलफ़ाम को खोजने का अभिनय करती है।]

मरती हूँ तेरे हिज्र में ऐ यार ख़बर ले
अब जान से जाती है ये बीमार ख़बर ले
ढूँढ़े से भी अब तेरा ठिकाना नहीं मिलता
हूँ छान रही कूच-ओ-बाज़ार ख़बर ले
दुनिया में कोई आन कोई दम की हूँ मेहमां
अब साँस है लेना मुझे दुश्वार ख़बर ले

दसवाँ सीन

सूत्रधार—

आता है अब
दास्ताने इश्क़ में
इक नया मोड़
जिसका नहीं है तोड़
इश्क़ के जोश से
पत्थर भी पिघल जाता है
इश्क़ की आग में
शैतान भी जल जाता है

[राजा इंदर अपने दरबार में नीलम परी और लाल परी के साथ बैठे हैं। पीछे से पुखराज परी के गाने की आवाज़ सुनाई देती है।]

राजा इंदर—

[काला देव से]

अहा हा हा हा...कितनी सुन्दर,
सुरीली,

सुहानी,
सुनहरी,
लचीली,
दोधारी आवाज़
कानों में ऐसा रस घोल रही है
जैसा हवा में ख़ुशबू...
वाह आवाज़ है कि जादू है,
आवाज़ है कि शोला है,
आवाज़ है कि शबनम है,
आवाज़ है कि फूल है
आवाज़ है कि शूल है
आवाज़ है कि झरना है
आवाज़ है कि बुलबुल है
आवाज़ है कि दहाड़ है
आवाज़ नहीं है जादू है जादू...
यह आवाज़ कहाँ से आ रही है काला देव?

काला देव—

ख़ुदा राजा जी को रखे शादमाँ
जो हो जान बक्शी तो खोलूँ ज़ुबाँ
परिस्तान में जोगिन एक आई है
सारी दुनिया उसी की तमाशाई है
ग़ज़ब भैरवी की हर इक तान है
ख़ुदाई का दिल उस पे क़ुर्बान है

राजा इंदर—

न कर देर ऐ देव ख़ुदा के लिए
अखाड़े में मेरे उसे जल्द ला
मैं देखूँ उसे वह जोगिन है किस शान की
परी है वो या क़िस्म इनसान की
किसी देव जिन की सताई न हो
मेरे पास फ़रियाद लाई न हो
न लाए वो कुछ और दिल में ख़याल
दिखाए मुझे आ के अपना कमाल

काला देव—

आपके हुकुम का ताबेदार
समझ गया ये तलबदार
खोज करेगा तरहदार
मिल जाएगी वो दिलदार

[काला देव चला जाता है। पृष्ठभूमि से पुखराज परी के गाने की आवाज़ सुनाई देती है। राजा इंदर बहुत व्याकुल होकर खड़ा हो जाता है। चेहरे से पसीना पोंछता है। परियाँ उन्हें देखकर घबरा जाती हैं। उन्हें पंखा झलने लगती हैं। एक परी शरबत का गिलास उनके सामने करती है।]

राजा इंदर—

हाय...हाय
दिल खींचकर ले जाएगी

तड़पाएगी...
जान पर बन
आएगी...
ये आवाज़

[राजा इंदर मूर्च्छित होने लगता है।]

[परियाँ उनकी दशा देखकर चिन्तित हो जाती हैं।]

नीलम परी—

होश सँभालो राजा जी
मन को साधो राजा जी
ध्यान धरो तुम राजा जी

लाल परी—

चित साधो तुम राजा जी
ध्यान धरो तुम राजा जी
धीर धरो तुम राजा जी

राजा इंदर—

सुन उसकी आवाज़
मन गया
मति गई
दिल गया
जान गई
ज़िस्म गया
दीन गया

ईमान गया
यह लोक गया
वह लोक गया
सभा गई
संसार गया
बस कुछ है
अगर कुछ है
तो वही आवाज़ है

ग्यारहवाँ सीन

सूत्रधार—

आशिक़ की ये आवाज़ है पहुँचेगी ख़ुदा तक
आँसू जो बहे इश्क़ में बेकार न होंगे
आशिक़ जो मरे इश्क़ में बेनाम न होंगे...

[जोगिन एक तारा बजाती और गाती चली जा रही है। काला देव आता है। जोगिन काला देव को पहचान जाती है लेकिन काला देव जोगिन को नहीं पहचान पाता।]

काला देव—

सुन जोगिन सुन

[रास्ता रोककर खड़ा हो जाता है।]

जोगिन—

मत रोक मेरा रस्ता
मेरा तुझसे क्या रिश्ता

तू देव
मैं जोगिन

काला देव—

लाया हूँ मैं
तेरे लिए खुश ख़बरी
सुन के हो जाएगी न्यारी

जोगिन—

नहीं सुनती तेरी बात
हट जा नहीं तो
खाएगा मेरी लात

काला देव—

तेरी किस्मत का दरवाज़ा
खुल गया
मुँहमाँगा तुझे
मिल गया

जोगिन—

तू है मक्कार
तुझ पर है धिक्कार
हट जा गुनाहगार
नहीं तो खाएगा मार

काला देव—

अरे जोगिन अब दिल में हो अपने शाद
किया है तुझे राजा इंदर ने याद
किसी से तेरा सुन लिया है जो हाल
मुलाक़ात का शौक़ उसे है कमाल
मुराद अब तेरे दिल की बर आएगी
जो माँगेगी वह चीज़ मिल जाएगी
न फिर उम्र भर तू करेगी सवाल
के एकदम से कर देगा तुझको निहाल

जोगिन—

ये बातें न लाना ज़ुबाँ पर कभी
फ़क़ीरों से अच्छी नहीं दिल्लगी
बड़ा वह मेरा देने वाला हुआ
ख़ुशामद से मुँह तेरा काला हुआ
फ़क़ीरों को दौलत की परवाह
कलमुँहें तू मुझे समझता है क्या
जो गाने का राजा तलबगार है
तो यहाँ किसको चलने में इनकार है
तबीयत अच्छी अगर पाऊँगी मैं
जो आता है उसको सुनाऊँगी मैं

बारहवाँ सीन

सूत्रधार—

इश्क़ के जोश ने इंदर को पानी कर दिया।
जो कभी राज़ी न थे उनको भी राज़ी कर दिया।
देखकर जोगिन की विपदा इंद्र ने हामी भरी
इश्क़ की तदबीर ने इंदर को दानी कर दिया।

[काला देव इंदर सभा में जोगिन को पेश करता है।]

काला देव—

महाराज कीजिए इधर अब निगाह
यह जोगिन है हाजिर ब-हाले तबाह
मिला मुश्किलों से इसका निशाँ
खोजा इसे मैंने होकर रवाँ
बहुत जल्द ख़िदमत में आया हूँ मैं
अखाड़े में जोगिन को लाया हूँ मैं

राजा इंदर—

जोगिन बता तुझे कोई तकलीफ़ है
फ़क़ीरों का क्यों भेस तूने किया
फ़िदा किस पे है मरती है तू
किसे ढूँढ़ती फिर रही है यहाँ तू
उड़ाती है ख़ाक जंगल में तू
सुना अपना गाना मुझे भी ज़रा
अभी भैरवी छेड़ या जोगिया

जोगिन—

महाराज पूछो न जोगिन का हाल
फ़क़ीरों का दिल दर्द से है निढाल
मेरा मुझसे माशूक़ है छूट गया
मेरा सब इस देस में लुट गया
यहाँ ढूँढ़ने उसको आई हूँ मैं
दुखिया हूँ मैं और सताई हूँ मैं
सुनाती हूँ गाना जो है मुझको याद
अजब क्या जो मिल जाए दिल की मुराद
अगर राग से दूर होवे मलाल
न जोगिन का रद्द कीजिएगा सवाल

राजा इंदर—

अरे जोगिन देता हूँ तुझको वचन
राजा इंदर तेरी
ख़्वाहिश पूरी करेगा

अमानत की इंदर सभा

आकाश में हो या पाताल में हो
आशिक़ को तेरे
वो हाज़िर करेगा

जोगिन—

[गाती है]

कहाँ गयो गुइयाँ शहज़ादा जानी प्यारा
दिल तड़पे रे हमारा
कहाँ गयो
वा का पता लागत नाहीं
ढूँढ़ फिरी बन सारा
कहाँ गयो
इस जानी के इन नैनन में
रैन दिना अँधियारा
कहाँ गयो
कुइयाँ में जस सुरख मछरिया
तड़पत होगा बेचारा
कहाँ गयो

राजा इंदर—

[सिंहासन से खड़ा हो जाता है और दोनों हाथ ऊपर उठाकर चिल्लाता है।]

वाह वाह वाह वाह
ऐसा गाना कभी न सुना था

तूने कर दिया कमाल
दिल को ख़ुश कर दिया
रूह को निहाल
मसर्रत से दिल शाद कर दिया
बोल क्या माँगती है
बोल क्या माँगती है
माँग क्या माँगती है

जोगिन—

मिलेगा वह जो मैं माँगूँगी

राजा इंदर—

जोगिन
तू माँग
जो माँगेगी
कम होगा मेरे लिए
मुख खोल जोगिन
तूने क्या नहीं किया मेरे लिए
जोगिन जो
बोलेगी सो पाएगी

जोगिन—

[गाती है]

होता है कोई आन में अब काम हमारा
इनाम में दीजिए हमें गुलफ़ाम हमारा

अमानत की इंदर सभा

अब क़ैद से यूसुफ को रिहा कर दो हमारे
बुलवाइए शहजादे को अब देर न कीजिए
नाम आप करो खल्क में और काम हमारा

राजा इंदर—

जोगिन
गुलफ़ाम तो माशूक़ है पुखराज परी का
गुलफ़ाम तो महबूब है पुखराज परी का
गुलफ़ाम तो दीवाना है पुखराज परी का
गुलफ़ाम तो दिल जान है पुखराज परी का...
क्या काम है तुझको बता गुलफ़ाम से प्यारी
क्यों लेती है बस नाम तू गुलफ़ाम का प्यारी
तू जोग में, वो क़ैद में रिश्ता नहीं बनता
तू रंग में वो भंग में नाता नहीं बनता...

जोगिन—

हे राजों के राज कुँवर
बाँकों के सरदार
देखो ध्यान से जोगिन को
फिर पहचानो यार

[जोगिन अपना मेकअप हटाने लगी है। नकली बाल निकाल देती है। चेहरा साफ करती है। वह पुखराज परी लगने लगती है।]

राजा इंदर—

अरे तू तो है पुखराज परी
प्यारी मेरी पुखराज परी

जोगिन—

हाँ राजा मैं पुखराज परी
गुलफ़ाम के प्रेम में बावरी पुखराज परी...
वादा किया था आपने
गुलफ़ाम मुझे देंगे
पूरा करें वो वायदा
गुलफ़ाम मुझे देकर

राजा इंदर—

आशिक़ है तू सच्ची
तेरा जज़्बा है सच्चा
हक़ है तेरा गुलफ़ाम पर
गुलफ़ाम है तेरा...

[काला देव से]

जा लेके आ
गुलफ़ाम को यहाँ

[काला देव चला जाता है।]

जोगिन—

राजा तुम जुग-जुग जियो
जो इच्छा हो वो मिले
चैन मिले सुख पाओ

[काला देव गुलफ़ाम को मंच पर लाता है। जोगिन और गुलफ़ाम दोनों हाथ फैलाकर एक-दूसरे से गले मिलने के लिए धीरे-धीरे आगे बढ़ते हैं और बोलते जाते हैं।]

जोगिन—

मुसीबत थी सितम था कयामत थी जुदाई तेरी
मेरे ख़ालिक़ ने मुझे शक्ल दिखाई तेरी

गुलफ़ाम—

ख़ाक मुँह पे मली बाल हैं बिखरे तेरे
हाय इस इश्क़ ने क्या शकल बनाई तेरी

जोगिन—

मुझ पर जो कुछ हो गया उसका नहीं ग़म
हो गई क़ैदे मुसीबत से रिहाई तेरी

गुलफ़ाम—

मर्ज़े इश्क़ ने सारा तेरा जोबन लूटा
आधी सूरत भी मैंने न पाई तेरी

जोगिन—

देव कमबख़्त ने किस ज़ोर से पहुँचा पकड़ा
हो गई लाल नज़ाकत से कलाई मेरी

गुलफ़ाम—

है तमन्ना यह मेरी दिल में के अब हश्र तलक
फिर कभी मुझको सताए न जुदाई तेरी

[पुखराज परी और गुलफ़ाम गले लग जाते हैं। सूत्रधार का गायन। मंच पर सूत्रधार के पीछे नृत्य होता है। पुखराज परी गुलफ़ाम के गले में जयमाला डालती है।]

सूत्रधार और सभी अभिनेता—

जलवा गुलफ़ाम की शादी का मुबारक होवे
इश्क़ का और मोहब्बत का ये अंजाम मुबारक होवे
पी चुके ख़ूने जिगर हिज्र में जी भर भर के
शरबत-ए-वसल का अब जाम मुबारक होवे
हो चुके इश्क़ में बदनाम बड़ी मुद्दत तक
अब ज़माने में हमें नाम मुबारक होवे
हूरें जन्नत को मुबारक हों फ़लक को तारे
बाग़ को गुल हमें गुलफ़ाम मुबारक होवे

●●●